과학탐험대
신기한 스쿨버스

❽ 별난 우주여행

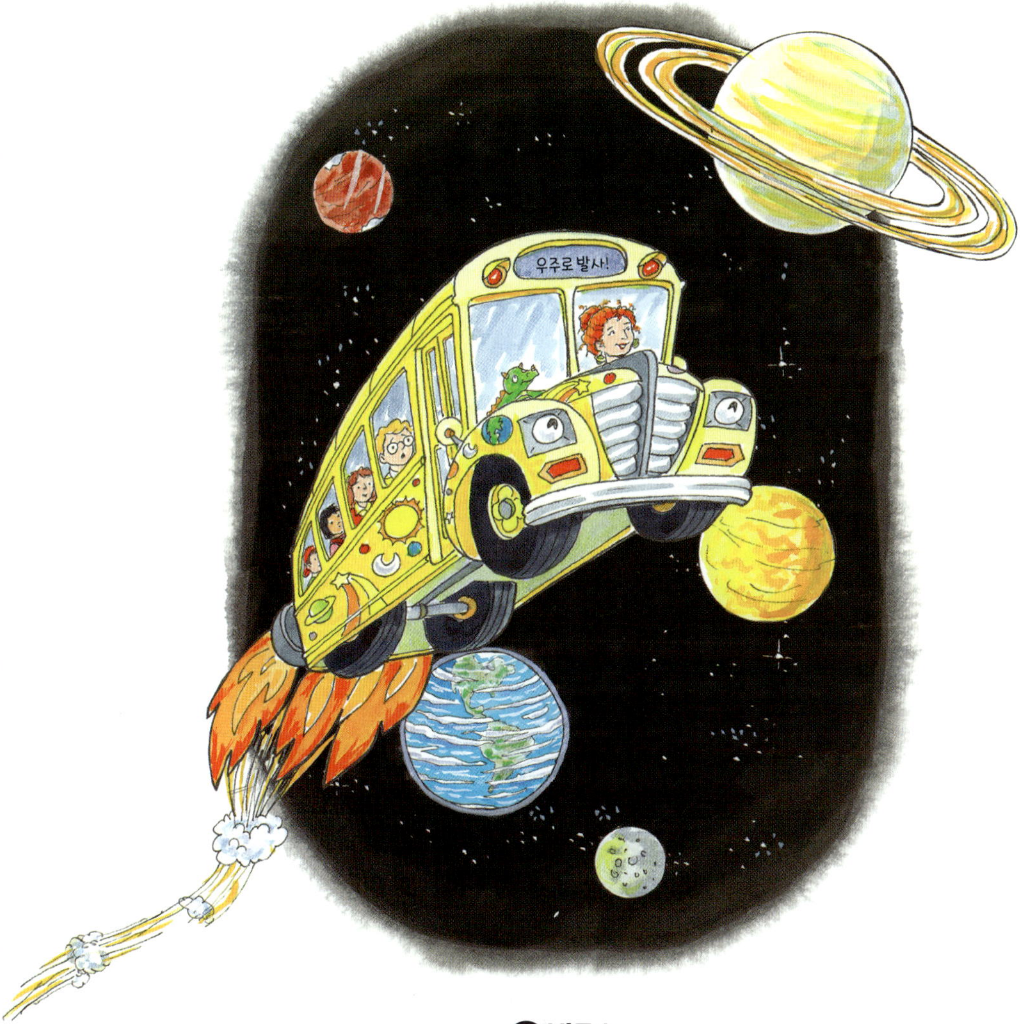

비룡소

THE MAGIC SCHOOL BUS® Science Reader: Blasts into Space
by Kristin Earhart and illustrated by Carolyn Bracken
Copyright © 2008 by Joanna Cole and Bruce Degen
All rights reserved.

THE MAGIC SCHOOL BUS® Science Reader: Takes a Moonwalk
by Joanna Cole and illustrated by Carolyn Bracken
Copyright © 2004 by Joanna Cole and Bruce Degen
All rights reserved.

Scholastic, THE MAGIC SCHOOL BUS®, 신기한 스쿨버스™ and logos are trademarks
and/or registered trademarks of Scholastic Inc.
Based on THE MAGIC SCHOOL BUS® books
Written by Joanna Cole and illustrated by Bruce Degen

Korean Translation Copyright © 2017 by BIR Publishing Co., Ltd.
This Korean translation edition is published by arrangement with Scholastic Inc.,
557 Broadway, New York, NY 10012, USA through KCC(Korea Copyright Center Inc.), Seoul.

이 책의 한국어판 저작권은 ㈜한국저작권센터(KCC)를 통해 Scholastic Inc.와 독점 계약한 ㈜비룡소에 있습니다.
저작권법에 의해 한국 내에서 보호를 받는 저작물이므로 무단 전재와 무단 복제를 금합니다.

신기한 스쿨버스
별난 우주여행

조애너 콜, 크리스틴 어하트 글 · 브루스 디건, 캐럴린 브래컨 그림 | 이강환 옮김

우리는 무척 궁금했어요. 우주에서 꼬리를 가지고 있는 것이 무엇일까 하고요. 바로 그때 뭔가가 눈부시게 빛났어요!
"여러분, 저건 혜성이에요. 태양 주위를 돌지요."
프리즐 선생님이 말했어요.

태양 주위를 돈대!

봐! 꼬리가 있어!

강아지나 도마뱀이 아니야. 정답은 혜성이야.

수수께끼 세 개를 맞혔어. 야호, 이제 두 문제 남았다!

우리는 거대한 행성에 도착했어요.
그 행성에는 커다란 붉은 눈 같은 게 있었어요.
"저건 목성의 대적점이야."
팀이 말했어요.

목성 - 태양에서 다섯 번째 행성

대적점은 커다란 소용돌이 바람이야. 지구보다 두 배나 크지.

소용돌이가 300년 넘게 계속되고 있대.

으악, 저 소용돌이에 휘말리고 싶지 않아!

잠깐만! 이건 우리가 아는 문제야!
모두 동시에 답을 외쳤어요.

지구!

살기 좋은 지구
— 도로시 앤

지구는 태양에서 적당한 거리에 있어요.
생명이 살기에 너무 뜨겁지도 너무 차갑지도 않아요.

신기한 스쿨버스

구석구석 달 탐험

조애너 콜 글 · 브루스 디건, 캐럴린 브래컨 그림 | 이강환 옮김

우리는 다시 버스에 탔어요.
프리즐 선생님이 시동을 걸고 밝게
빛나는 단추를 꾸욱 눌렀어요.

갑자기 버스가 붕 떠올라 구름 위로 올라갔어요. 곧이어 신기한 스쿨 우주선으로 변신해 우주로 슈웅 날아갔지요. 우리 뒤로 지구가 보였어요. 앞에는 달이 있었고요.

피비가 이 상황을 아빠에게 어떻게 설명할까?

우리 다 함께 건초 더미에 앉아 노래를 불렀어요.
달이 하늘에서 아주 밝게 빛났어요.

밝게 빛나는 달
— 피비

가을의 보름달은 특별해요.
이때는 달이 저녁 일찍
뜨기 때문에 더 오래
빛나요.
농부들은 달빛 덕분에 더
오랫동안 일하며 추수할 수
있답니다.

부모님들이 우리를 기다리고 있었어요.
무사히 가족에게 돌아와서 정말 기뻤답니다.
내일은 또 무슨 일이 일어날까요?

신기한 과학 교실

신비로운 우주! 지구에서 어떻게 관찰할까요?

지구에 사는 우리는 여러 방법을 통해 멀리 떨어져 있는 우주의 천체를 관찰할 수 있어요.

1. **맨눈**: 하늘이 맑을 때 맨눈으로 볼 수 있어요. 해와 달, 별자리는 관측기구 없이도 볼 수 있지요.

2. **지상 망원경**: 과학자들은 망원경으로 천체를 관찰하며 우주를 연구해요. 광학 망원경, 전파 망원경으로 행성, 소행성, 혜성 등을 볼 수 있어요.

3. **우주 망원경**: 과학자들은 인공위성에 우주 망원경을 실어 우주로 쏘아 올렸어요. 우주 망원경이 찍은 사진으로 신비로운 천체를 관찰할 수 있어요.

우리 반 외계인
카를로스
키샤

우주에서는 어떤 옷을 입을까요?

우주에는 공기가 없어요. 온도 차이도 매우 심하답니다. 따라서 우주 비행사들은 우주로 나갈 때 반드시 우주복을 입어야 해요. 우주복은 산소를 공급해 주고, 우주인의 체온을 일정하게 유지해 줘요. 찢어지거나 망가지지 않도록 특수 합성 섬유를 이용해 단단하게 만들지요.

달에서는 왜 걷기가 힘들까요?

달의 중력이 지구의 6분의 1밖에 되지 않기 때문이에요. 사람이 달에 가면 몸무게도 6분의 1로 줄어든답니다. 지구의 중력에 익숙해져 있는 사람이 달에서 걸으려고 하면 몸이 둥둥 뜨거나 헛발질하기 일쑤예요.

앗, 뜨거워!

달의 뒷면에는 뭐가 있을까요?

사람들은 항상 달의 앞면만 볼 수 있었어요. 인류가 달의 뒷면을 처음 본 것은 1959년 소련이 쏘아 올린 무인 탐사선이 사진을 보냈을 때예요. 달의 뒷면을 보는 데 35억 년이나 걸렸다고 해요. 과연 뒷면에는 뭐가 있었을까요? 바로 운석 구덩이들이 있었대요.

프리즐 선생님의 노트 엿보기

☆ 우주에는 뭐가 있을까?

우주에 있는 모든 물체를 '천체'라고 불러요. 우주에 어떤 천체가 있는지 알아볼까요?

1. 별(항성)

하늘에서 스스로 빛을 내면서 밝게 보이는 천체를 별(항성)이라고 불러요. 태양은 태양계에서 유일하게 스스로 빛을 내는 천체예요.

2. 행성

별 주위를 돌고, 스스로 빛을 내지 못하는 천체예요. 태양 주위를 도는 행성으로는 수성, 금성, 지구, 화성, 목성, 토성, 천왕성, 해왕성이 있어요. 지구는 현재까지 유일하게 생명체가 존재하는 천체랍니다.

3. 위성

행성의 주위를 도는 천체예요. 태양계에서는 수성과 금성을 뺀 나머지 행성들이 모두 위성을 가지고 있어요.

4. 소행성과 혜성

소행성은 화성과 목성 사이에 흩어져 태양 주위를 도는 천체들이에요. 행성보다 작아요. 혜성은 태양 주위를 돌아서 멀리 태양계 밖까지 나갔다가 다시 돌아오는 천체예요.

⭐ 환상의 단짝, 지구와 달을 비교해 보자!

지구와 달, 서로 없어서는 안 될 단짝 같은 존재!
어떤 점이 같고, 어떤 점이 다를까요?

공통점
- 모두 둥근 모양이에요.
- 표면에 돌과 흙이 있어요.

차이점
- 지구 : 구름과 바다가 있어요. 물과 공기가 있어 생명체가 살 수 있어요.
- 달 : 밝은 부분과 어두운 부분이 있어요. 공기가 없어서 생명체가 살 수 없지요. 표면에 운석 구덩이가 많아요.

신기한 과학 상식

태양계 행성들을 정리해 봐요!

수성

태양에서 가장 가까운 행성
- 크기: 가장 작아요.
- 공전주기: 약 88일
- 위성: 없음
- 고리: 없음

금성
태양에서 두 번째 행성
- 크기: 세 번째로 작아요.
- 공전주기: 약 225일
- 위성: 없음
- 고리: 없음

지구

태양에서 세 번째 행성
- 크기: 네 번째로 작아요.
- 공전주기: 약 365일
- 위성: 1개
- 고리: 없음
* 동물과 식물이 살고 있어요.

화성

태양에서 네 번째 행성
- 크기: 두 번째로 작아요.
- 공전주기: 약 687일
- 위성: 2개
- 고리: 없음

목성

태양에서 다섯 번째 행성
- 크기: 가장 커요.
- 공전주기: 약 12년
- 위성: 63개 이상
- 고리: 있음

토성

태양에서 여섯 번째 행성
- 크기: 두 번째로 커요.
- 공전주기: 약 29년
- 위성: 60개 이상
- 고리: 있음

천왕성

태양에서 일곱 번째 행성
- 크기: 세 번째로 커요.
- 공전주기: 약 84년
- 위성: 27개 이상
- 고리: 있음

해왕성
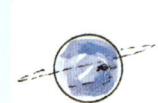
태양에서 여덟 번째 행성
- 크기: 네 번째로 커요.
- 공전주기: 약 165년
- 위성: 13개 이상
- 고리: 있음

달에 대해 좀 더 알아봐요!

❶ 달은 지구보다 얼마나 작을까?
지구는 농구공, 달은 야구공! 사람들이 지구와 달의 크기를 비교할 때 이렇게 비유해요. 지구가 달보다 약 4배 더 크기 때문이에요.

❷ 달이 지구 주위를 한 바퀴 도는 데 시간이 얼마나 걸릴까?
달이 지구 주위를 도는 데에는 약 한 달이 걸려요. 지구가 태양 주위를 도는 데에는 약 일 년이 걸리지요.

❸ 달의 온도는 몇 도일까?
어두운 곳에서는 영하 155도까지 내려가요. 태양이 비치는 곳은 105도까지 올라가지요.

❹ 최초로 달에 간 사람은?
달에 가장 처음 간 사람은 닐 암스트롱이에요. 1969년 7월 21일에 달 위를 두 발로 밟았죠. 달에는 날씨 변화가 없고 바람이 불지 않기 때문에 발자국이 그대로 있어요. 발자국은 앞으로 수백 년 동안 없어지지 않을 거예요.

지금까지 달 위에 두 발을 디딘 사람이 열두 명이나 있어!

글쓴이 조애너 콜

어린 시절 벌레, 곤충을 다룬 책들을 즐겨 읽는 과학 소녀였습니다. 초등학교 교사, 사서, 어린이 책 편집자로 일하다가, 어린이 문학과 과학 지식을 결합한 어린이 책을 쓰기로 결심했습니다. 첫 번째 책 『바퀴벌레』를 시작으로 90권이 넘는 책을 펴냈고, 2020년 7월 세상을 떠났습니다. 그중 가장 널리 알려진 「신기한 스쿨버스」 시리즈로 《워싱턴 포스트》 논픽션 상, 데이비드 맥코드 문학상 등 많은 상을 받았습니다.

그린이 브루스 디건

미국 뉴욕 쿠퍼 유니언 대학과 프라트 대학에서 일러스트를 공부했습니다. 「신기한 스쿨버스」 시리즈를 비롯해 「프리즐 선생님의 신기한 역사 여행」 시리즈, 「토드 선장」 시리즈 등 40권이 넘는 어린이 책에 그림을 그렸습니다.

옮긴이 이강환

「신기한 스쿨버스」 시리즈를 포함한 여러 권의 과학 책을 옮겼고, 지은 책으로는 『우주의 끝을 찾아서』, 『빅뱅의 메아리』 등이 있습니다.

❽ 별난 우주여행

1판 1쇄 펴냄—2017년 10월 30일, 1판 12쇄 펴냄—2021년 6월 4일
글쓴이 조애너 콜, 크리스틴 어하트 그린이 브루스 디건, 캐럴린 브래컨 옮긴이 이강환
펴낸이 박상희 편집주간 박지은 편집 라유경 디자인 김혜림
펴낸곳 (주)비룡소 출판등록 1994. 3. 17.(제16-849호) 주소 06027 서울시 강남구 도산대로1길 62 강남출판문화센터 4층
전화 영업 02)515-2000 팩스 02)515-2007 편집 02)3443-4318,9 홈페이지 www.bir.co.kr
제품명 어린이용 각양장 도서 제조자명 (주)비룡소 제조국명 대한민국 사용연령 3세 이상

ISBN 978-89-491-5259-2 74840/ ISBN 978-89-491-5250-9(세트)

이 도서의 국립중앙도서관 출판예정도서목록(CIP)은 서지정보유통지원시스템 홈페이지(http://seoji.nl.go.kr)와 국가자료공동목록시스템(http://www.nl.go.kr/kolisnet)에서 이용하실 수 있습니다.(CIP제어번호: CIP2017026293)